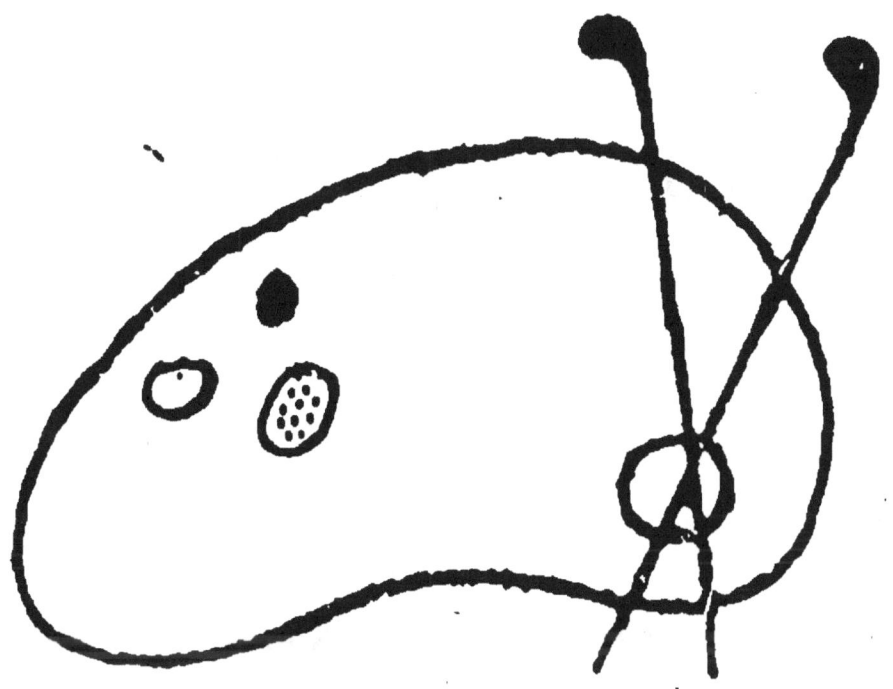

Début d'une série de documents
en couleur

Centenaire

DE LA

RÉVOLUTION DAUPHINOISE

DE 1788

Banquet du 9 juin 1888, à Paris

DISCOURS

PRONONCÉS PAR

M. F. Roux, adjoint au maire du IIIe arrondissement
Président du Comité;

M. Casimir-Perier, Vice-Président de la Chambre,
Président d'honneur du Comité;

M. le PRÉSIDENT DE LA RÉPUBLIQUE.

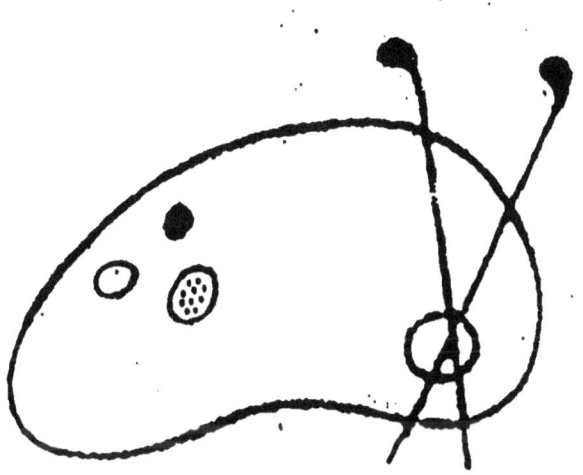

Fin d'une série de documents
en couleur

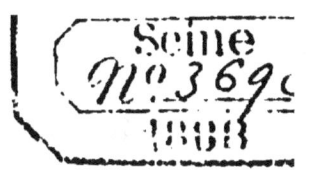

DISCOURS

PRONONCÉ PAR M. F. ROUX

Monsieur le Président de la République,

Au nom du Comité parisien du Centenaire de la Révolution dauphinoise de 1788,

Au nom de tous les Dauphinois présents et absents, je vous souhaite la bienvenue et je vous remercie d'avoir accepté d'honorer de votre présence cette fête démocratique.

Votre place y était naturellement marquée, car ce que nous célébrons aujourd'hui, c'est la fête de nos libertés conquises par l'héroïsme de nos pères et organisées par leur sagesse et leur concorde. C'est là le double caractère de cette manifestation : nous saluons l'aurore du gouvernement libre et la naissance des assemblées délibérantes ; nous saluons la concorde et l'union féconde de toutes les classes de citoyens, en vue de la grandeur et de l'indépendance de la Patrie.

Les Dauphinois de 1788 ont préparé et hâté 1789. Nous avons voulu, nous, leurs fils reconnaissants, que le Centenaire de 1788 fût le prologue et comme l'ouverture du Centenaire de notre immortelle et glorieuse Révolution française.

C'est pourquoi vous êtes venu, monsieur le Président.

Vous saviez que vous seriez au milieu de concitoyens qui ont pour la liberté le culte le plus ardent.

Dans nos villages des Alpes, les vieillards répètent aux petits enfants : « Chez nous la liberté est indigène et vivace, comme les mélèzes qui hérissent les flancs de nos montagnes. »

Mais ce n'est pas un amour platonique que notre amour pour la liberté ; nous ne nous contentons pas du nom, nous voulons la chose ; aussi sommes-nous profondément attachés au gouvernement du pays par le pays et au régime loyalement représentatif, condition nécessaire de la liberté politique et de la sécurité nationale. Voilà pourquoi vous êtes venu, monsieur le Président de la République. Voilà pourquoi ont aussi accepté d'être, ce soir, nos hôtes, M. le Président du Sénat et M. le Président de la Chambre des députés, M. le Président du Conseil des ministres et ses collaborateurs.

Je vous remercie, messieurs, d'être venus, et je salue en vous, non seulement les hautes magistratures parlementaires et gouvernementales dont vous êtes investis, mais le caractère et le talent mis sans défaillance au service de la cause démocratique et républicaine.

Je remercie également ceux qui sont à la tête du département de la Seine et de la ville de Paris d'avoir accepté notre invitation ou plutôt, ce sera plus exact, d'avoir bien voulu occuper les places que nous leur avons gardées chez eux, car ce n'est que justice de le rappeler en ce moment : ce magnifique monument, dont l'immensité seule pouvait contenir l'empressement de nos compatriotes, est le pavillon de la ville de Paris. C'est grâce à ce concours précieux que nous avons pu organiser cette fête.

Je remercie les descendants des Parisiens du 14 juillet d'avoir ainsi tendu une main sympathique aux fils des Grenoblois de la Journée des tuiles.

Je remercie enfin messieurs les présidents des Conseils généraux et messieurs les préfets de nos départements dauphinois, MM. les maires de Grenoble, de Vizille et de Romans, d'avoir bien voulu se joindre à nous et nous aider à recevoir nos hôtes illustres. Vous êtes, messieurs, le lien entre cette première fête du Centenaire dauphinois et celles qui vont suivre, car je tiens à rappeler publiquement ici que dans quelques semaines à Grenoble, à Vizille, à Romans, sur les lieux mêmes illustrés par les événements de 1788, des fêtes populaires et magnifiques seront organisées, des monuments commémoratifs seront inaugurés, et nous irons, messieurs les maires, nous mêler à vos fêtes comme vous avez bien voulu prendre part à la nôtre.

Mais que les Dauphinois aillent en Dauphiné, c'est trop naturel et ce ne serait pas assez.

On répétait partout en 1788, après l'assemblée de Vizille, alors que le courage et la sagesse des membres de cette assemblée avaient excité partout un véritable enthousiasme, on disait : « Toute la France sera Dauphiné », ce qui signifiait qu'à l'imitation du Dauphiné toutes les provinces sauraient conquérir la liberté et sacrifier leurs privilèges à l'unité de la Patrie.

Eh bien, je souhaite qu'en 1888, en souvenir de cet enthousiasme qu'excitait notre province, il y a cent ans, toute la France soit Dauphiné pour quelques jours; je veux dire par là que toute la France se rende en Dauphiné pour les fêtes du Centenaire.

Vous ne le regretterez pas, messieurs, car nulle part vous ne pourrez trouver des montagnes plus belles et une hospitalité plus cordiale et plus française. Ce que vous trouverez aussi chez nous, monsieur le Président de la République, car le Dauphiné a la promesse de votre voyage, c'est un pays profondément et définitivement républicain, ayant compris depuis longtemps que la République était le terme désirable et nécessaire de l'évolution glorieusement commencée en 1788 et 1789. C'est parce que les Dauphinois qui habitent Paris sont animés des mêmes sentiments, qu'ils ont voulu être les premiers à manifester leur admiration et leur reconnaissance pour la grande Révolution française. Je cède la parole pour retracer ces grands événements et en dégager l'enseignement historique à l'un de nos compatriotes illustre par le nom et les services rendus.

Pour moi, fidèle interprète de tous nos compatriotes ici présents, je porte, dans cette fête en l'honneur de la Révolution française et de la Liberté, la santé du petit-fils de l'un de ceux qui ont le plus glorieusement vécu cette révolution.

Au gardien ferme et vigilant de la Constitution républicaine, à M. Carnot, Président de la République.

Nous avons désiré, monsieur le Président de la République, que vous emportiez de cette fête un souvenir durable, et nous vous prions d'accepter l'hommage de cette médaille commémorative de notre Centenaire.

DISCOURS
PRONONCÉ PAR M. CASIMIR-PERIER

Monsieur le Président de la République,

Mesdames,

Messieurs et chers Concitoyens,

Célébrer la première revendication du droit contre l'arbitraire; à un siècle de distance et après les vicissitudes politiques que la France a subies, parler de la Révolution devant le Président de la République française et devant un Président qui s'appelle Carnot, quel honneur, mais aussi quelle tâche!..

Impuissant à rendre une image fidèle des événements dont la proportion m'écrase, impuissant à retracer l'œuvre de ces hommes dont les conceptions ont remué la France et le monde, je ne puis à mon tour que remercier M. le Président de la République d'être venu parmi nous pour honorer leur mémoire et pour porter, au nom de la nation, à ceux qui l'ont faite, le solennel hommage de notre admiration, de notre respect et de notre reconnaissance.

La journée des tuiles a été la première protestation du Dauphiné s'armant de ses prérogatives contre les prétentions du pouvoir absolu. La Révolution y a commencé au nom du droit, car ce que la cour appelait une rébellion, c'était Grenoble défendant la légalité contre l'arbitraire et la force. Mounier exprimait fièrement la pensée de toutes les classes lorsque, rappelant au roi que Philippe de Valois avait reçu le Dauphiné des mains d'Humbert, il ajoutait : « Ce don fut libre, vos dauphins y mirent des conditions et stipulèrent des privilèges pour leurs sujets; ces privilèges furent garantis par le serment de vos prédécesseurs. »

En juin 1788 le ministère veut supprimer les parlements ; le parlement de Grenoble s'assemble et déclare traître au roi et à la nation quiconque ira prendre place à la cour plénière. Le pouvoir répond par l'envoi de lettres de cachet exilant individuellement dans leurs terres les membres du parlement. La nouvelle se répand dans la ville; les boutiques se ferment, la population se précipite dans les rues, les femmes entraînant les hommes; on sonne le tocsin, on garde les portes; la troupe intervient; sur l'ordre d'un subalterne, des coups de fusil sont tirés; un vieillard est tué; un officier supérieur, quoique blessé par une pierre, interdit à ses hommes de le venger. — Au bout de quelques heures, le duc de Clermont-Tonnerre, jugeant toute résistance ou impossible ou meurtrière, donne l'ordre aux membres du Parlement de surseoir à leur départ. Le peuple sonne les cloches en signe de réjouissance, on chante, on allume des feux de joie; les magistrats sont reconduits en triomphe à l'hôtel du premier président. — Barnave s'était jeté dans la mêlée; il venait d'écrire une brochure sur l'esprit des édits. « Je la répandis, dit-il, dans les rues de Grenoble le jour même où coula dans ma ville natale le premier sang qui ait été versé en France pour la Révolution. »

La résistance avait osé se produire, elle avait triomphé; en face de la toute-puissance royale le droit s'était dressé et devant le droit avait reculé le descendant de Louis XIV.

Alors les événements se pressent; le 14 juin, à l'appel de Grenoble se rendent les représentants des villes et communautés dauphinoises; le 2 juillet, les notables se joignent en grand nombre au corps municipal; le 21 juillet, les trois ordres se réunissent à Vizille, le 10 septembre à Romans.

Ce n'est plus seulement la résistance aux provocations du pouvoir, c'est dans les paroles et dans les actes l'affirmation de principes nouveaux, c'est la liberté d'examen et de discussion qui commence son œuvre; c'est la raison qui livre bataille à la tradition; c'est la suppression des privilèges, c'est l'égalité des droits que va revendiquer le tiers état; ce que vont réclamer les grandes voix qui retentissent à Grenoble, à Vizille, à Romans, ce sont les principes qui ont fondé le gouvernement représentatif en France et qui doivent nécessairement un jour trouver leur consécration définitive dans la forme républicaine.

On entend Mounier qui s'écrie :

« Les droits qui appartiennent à tous les citoyens ne peuvent être violés; ils sont protégés par l'opinion publique qui, en dernière analyse, est toujours le plus ferme appui d'une constitution..... Ah! si jamais les membres des états généraux et de ceux des provinces étaient élus par les hommes de toutes les professions, combien les liens du patriotisme seraient resserrés! combien l'orgueil des riches apprendrait à respecter ceux qui n'ont pas obtenu les faveurs de la fortune! »

On entend Barnave :

« Et vous, dit-il, qui, dépouillés de toute distinction, ne pouvez réclamer que le titre d'hommes et qui n'êtes plus rien si vous n'êtes libres, invoquez à votre tour le plus incontestable des droits; faites parler la loi de la nature, puisque vous ne demandez rien que ce qu'elle garantit à tous les hommes. Ah! c'est à vous à désirer cet heureux gouvernement où les vertus et les talents deviennent des titres. »

C'est la noblesse qui écrit au roi :

« Il est impossible, sire, de remédier utilement aux abus qui sont liés avec le peu de constitution qui nous reste, si l'on ne rend pas à la nation l'intégrité de ses droits. »

Sans doute ces généreux apôtres ignoraient le but caché vers lequel ils conduisaient le monde des choses et des esprits, mais c'est dans ces moments que l'humanité semble inspirée. L'histoire de trois siècles, c'est la lutte de deux forces qui se surveillent et se heurtent : la monarchie avait délivré le peuple de la féodalité ; les parlements protègent le peuple contre les abus du pouvoir royal ; le jour où dans l'ordre social la démocratie triomphe, le jour où dans l'ordre politique le suffrage universel commande, la République devient le terme nécessaire d'une évolution de trois cents ans.

Nous sommes, monsieur le Président, les enfants de ce Dauphiné qui a revendiqué les droits du tiers état, qui a défini la loi : l'expression de la volonté générale. Un siècle nous sépare de ceux qui ont sincèrement cherché dans la monarchie constitutionnelle la réconciliation féconde de la nation et du pouvoir; après un siècle d'efforts et de vicissitudes, fidèles à la mémoire de nos ancêtres, nous ne trouvons que dans la République les garanties que doit exiger une nation qui veut demeurer maîtresse d'elle-même ; la République nous apparaît, non pas seulement comme le terrain commun que le bon sens offre aux partis opposés pour s'y réconcilier au nom de la patrie, mais comme le seul gouvernement qui satisfasse notre raison et auquel nous attachent une foi ardente et le sentiment impérieux de la dignité humaine.

Nous savons que la Révolution française, ce grand prophète, selon l'expression de Michelet, a posé tous les problèmes et qu'elle n'a eu ni le temps ni les moyens de les résoudre tous; mais elle a mis entre les mains des générations futures cette arme pacifique qui s'appelle la libre discussion ; c'est à nous de continuer l'œuvre commencée en nous inspirant des grands exemples de ceux qui ne sont plus.

Nos pères ont eu des obstacles à briser ; nous avons, nous, des esprits à éclairer, des consciences à convaincre ; le pouvoir était un maître qu'il fallait réduire, c'est votre ambition, monsieur le Président de la République, de n'être que le complice de votre pays. La Révolution n'est plus à faire ; elle est faite, mais elle a donné à l'humanité le principe d'un mouvement sans fin vers la justice et la liberté.

A marcher avec nous dans le grand chemin du progrès indéfini, nous convions aussi, mesdames, celles qui dans les luttes de la vie nous fortifient et nous consolent, celles qui reçoivent les premières pensées de nos fils et qui gravent dans leur cœur les souvenirs qui ne s'effacent pas. Il ne s'agit plus, mesdames, ni de sonner le tocsin, ni de monter la garde aux portes de la ville ; mais si vos aïeules n'ont pas reculé devant le régiment de Royal-Marine, vous ne reculerez pas devant les idées de votre temps ; vous nous aiderez à rassurer les timides qui ont le vertige quand elles regardent l'avenir ; vous nous aiderez à convertir celles qui prétendent qu'il n'y a de durable que ce qui n'est plus et qui sont d'ordinaire plus sévères pour la manière de penser que pour la manière d'agir ; vous ferez de nos enfants des citoyens dignes d'un pays libre ; vous leur enseignerez, par le culte et le respect de la famille, le respect de l'autorité légitime et le culte de la patrie.

Quand le Dauphiné invoquait ses privilèges pour résister aux prétentions royales, il déclarait ne pas séparer sa cause de celle de la nation tout entière ; c'est au nom de la France qu'il élevait la voix ; c'est pour la France qu'il a souffert et lutté. A notre tour, enfants de la commune patrie, nous tendons la main à tous les Français ; nous les appelons tous à s'unir à nous dans l'expression de notre reconnaissance filiale.

Plus heureux que nos pères, nous héritons comme d'un patrimoine des libertés qu'ils ont conquises et, cent ans après la journée des tuiles, nous saluons en vous, monsieur le Président de la République, en vous, messieurs les Ministres, les dépositaires vigilants et fidèles d'un trésor sacré ; nous saluons en vous, monsieur le Président du Sénat, en vous, monsieur le Président de la Chambre des députés, les représentants respectés de la volonté nationale ; nous saluons l'armée qui n'est plus l'instrument d'un seul, mais l'armée de la France et de la loi. Nous avons foi dans les destinées de notre pays. Si depuis moins d'un siècle les événements ont été parfois, hélas ! plus forts que les principes, nous avons vu les principes survivre à la monarchie, et ce que nous célébrons aujourd'hui c'est leur revanche et leur triomphe !

DISCOURS

PRONONCÉ PAR

M. LE PRÉSIDENT DE LA RÉPUBLIQUE

Messieurs,

Après les sympathiques paroles de bienvenue que nous a adressées le président de cette belle fête, après le discours éloquent dans lequel notre ami commun, M. Casimir-Perier, a si bien mis en lumière le caractère et la portée des grandes journées dont nous venons de célébrer le centenaire, je veux vous remercier bien cordialement de nous avoir conviés à être, ce soir, Dauphinois avec vous.

C'est que nos généreux ancêtres, messieurs, les clairvoyants précurseurs de la Révolution de 1789, ont été, parmi les premiers, de vrais Français. Quand ils ont protesté contre les abus de l'absolutisme, quand ils ont élevé leurs courageuses revendications en face des édits de mai, ce sont les intérêts et les droits de la patrie qu'ils ont voulu défendre.

Toutes les manifestations, tous les actes des Dauphinois de 1788 portent la même empreinte. Ils sont les champions de la France. On voit les notables citoyens de Grenoble déclarer qu'ils sont prêts à sacrifier leurs privilèges spéciaux pour le bien de la nation.

A Vizille, les députés affirment que les trois ordres du Dauphiné ne sépareront jamais leur cause de celle des autres provinces.

Les états de Romans proclameront à leur tour que tous les Français doivent s'unir comme tous les membres d'une même famille.

C'est donc bien, messieurs, un centenaire français que nous venons célébrer. C'est au nom de la France que nous venons remercier les généreux Dauphinois de 1788 et saluer l'aurore de la grande Révolution dont nous sommes les fils.

Il est bon, il est salutaire pour une nation comme la nôtre de fêter les dates mémorables de son histoire, de placer sous les yeux des nouvelles générations les grands actes qui ont préparé la constitution de la société moderne, et qui ont fait triompher les principes d'égalité et de liberté devenus la base de notre droit national.

Nous n'avons qu'à gagner à ces recherches locales, à ces travaux conduits par les procédés de la science, pour éclairer certaines obscurités de l'histoire et asseoir sur des bases solides les croyances de la nation comme sa reconnaissance envers les créateurs de la France moderne.

Le temps écoulé nous a suffisamment éloignés des événements pour qu'il nous soit facile de les juger avec calme et sincérité et de leur attribuer, sans passion, leur vrai caractère. De cette étude désintéressée doivent sortir l'apaisement et la conciliation dans les esprits, le rapprochement entre les hommes, l'union des dévouements pour conserver le fruit des conquêtes auxquelles tous ont contribué pour leur part.

Si les principes de 1789 n'étaient pas devenus le domaine commun de tous les Français, les fêtes patriotiques comme celle qui nous réunit ce soir ne pourraient que dissiper les dernières obscurités.

N'est-ce pas assez, messieurs, pour appeler ici les représentants du Gouvernement, issu de la nation, dont toutes les pensées sont pour la prospérité et pour la grandeur de la patrie ?

Aux Dauphinois de 1788 !

PARIS — MAISON QUANTIN
7, RUE SAINT-BENOIT, 7

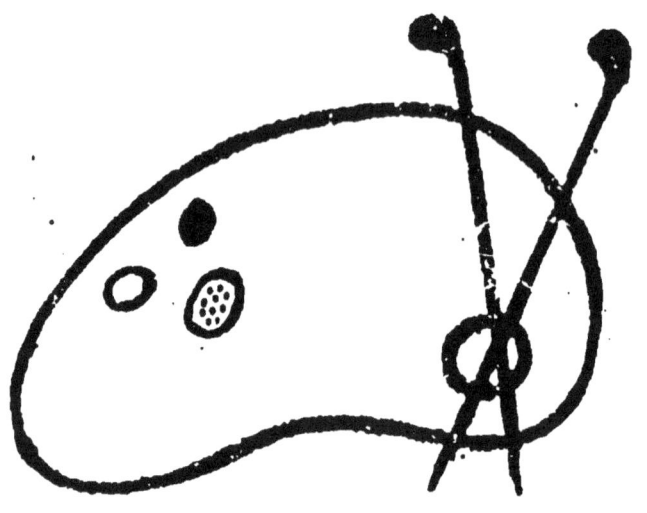

Original en couleur
NF Z 43-120-8

www.ingramcontent.com/pod-product-compliance
Lightning Source LLC
Chambersburg PA
CBHW070534050426
42451CB00013B/3004